Las crónicas de Christian Grace

Siguiendo las reglas

Por Terence y Eardie Houston

Ilustrado por Laura Acosta

Editado por Megan Louw

TDR Brands Publishing

Copyright © 2017 Living Life with the Houston's

Todos los derechos reservados. Ninguna parte de este libro puede ser reproducido o transmitido en ninguna forma y por ningún medio, electrónico o mecánico, incluyendo fotocopiado y grabado en ningún tipo de almacenamiento, exceptuando los usos permitidos expresados por el Acta de Copyright de 1976 o permitidos por escrito por el editor. Permisos escritos deben ser enviados a:

Living Life with the Houston's
14019 SW Freeway
Suite 301-197
Sugar Land, TX 77478

Visita www.livinglifewiththehoustons.com

Impreso en Estados Unidos de América

ISBN 978-1-947574-36-6

A David y Joshua, con amor.

Las crónicas de Christian Grace

Siguiendo las reglas

Siguiendo las reglas

Mamá, papá, Christian y sus hermanos, David y Joshua, estaban sentados a la mesa terminando una cena realmente deliciosa y saludable que mamá había hecho.

—Papá,—preguntó David—¿puedo comer un bocadillo?

Papá miró el plato de David y dijo—Sí, puedes. Pero primero, tienes que terminar de comer tu brócoli. Ya conoces la regla. Para obtener un bocadillo, debes comer toda tu comida primero.

¡Christian también quería un bocadillo! De hecho, los bocadillos eran de las cosas favoritas de Christian—¿Qué hay de mi?—ella lloró.

—Por supuesto que también puedes comer algo, cariño,—dijo mamá—después de comer toda tu comida.

Christian tenía tres grandes pedazos de brócoli en su plato. A Christian no le gustaba el brócoli ni un poco. ¡Ella pensó que parecían árboles pequeños y que sabían ASQUEROSO!

Christian hizo un puchero y se cruzó de brazos—Pero no lo quiero,—ella dijo—solo quiero un bocadillo.

Mami miró a Christian y dijo—Bueno, Christian, si no comes tu comida, no recibirás un bocadillo esta noche.

Papá estaba ocupado poniendo todos los platos sucios y cuchillos y tenedores en el fregadero de la cocina mientras mamá ponía la cena sobrante en contenedores de plástico, pero Christian seguía mirando esos tres grandes pedazos verdes de brócoli en su plato.

Los chicos habían terminado hasta el ultimo bocado de cena, así que les dieron puré de manzana. A Christian le encantaba el puré de manzana. ¡Era dulce y sabroso y mucho más sabroso que el repugnante brócoli!

Mamá ya le había dicho que no, así que Christian decidió que le preguntaría a papá. ¡Se inclino tanto en su pequeña silla que estaba a punto de caerse!—¡Papá!—dijo Christian en un fuerte susurro,—¿Puedo tomar un poco de puré de manzana también?

Papá sonrió sin darse vuelta y dijo—Absolutamente, cariño. Después de comer el resto de tu comida. Esas son las reglas.

—¡Puedes hacerlo, Christian!—dijo Joshua.

Christian apartó su plato—¡Pero no me gusta!—dijo.

—No tiene que gustarte, Christian—dijo David, lamiendo el puré de manzana de sus labios—¡solo tienes que comértelo! ¿Verdad, mamá?

Mamá se rió entre dientes y dijo—Está bien, Christian. No tienes que comerlo. Solo recuerda que no recibirás un bocadillo esta noche. Ahora tráeme tu plato si ya terminaste—Estas eran las reglas de la cena y Christian sabía que mamá y papá siempre se apegaban a la reglas.

Christian bajó de su silla y llevó su plato con mucho cuidado con dos manos hacia el basura. Ella quería mucho un poco de puré de manzana, pero realmente, realmente no quería comer su brócoli.

Papá podía ver que Christian estaba pensando mucho y le preguntó —Christian, ¿estás segura de que no quieres comer el resto de tu comida y recibir un bocadillo? Después de tirar el resto de tu comida, no podrás cambiar de opinión.

¡DUMP! Cayó el repulsivo brócoli al tacho de basura.

Mamá se acercó a Christian y tomó su plato. Le dio un paño y dijo —Gracias, Christian. Ahora ve y limpia tu área.

Christian hizo un suspiro muy muy largo,—Está bien, mamá—dijo y caminó hacia su espacio.
—¿Necesitas ayuda con esos platos?—Le preguntó papá a mamá. Papá y mamá siempre se ayudaban el uno al otro alrededor de la casa.

—No,—respondió mami—solo voy a hacer funcionar el lavavajillas.

Christian volvio saltanto—¡Oooh, mamá!—Ella exclamó—¿Puedo ayudarte a poner los platos en el lavavajillas?

Mamá sonrió a Christian y le dijo—¡Claro, Christian! ¡Gracias!

Christian ayudó a mamá a poner todas las tazas y todos los cuchillos y todos los platos y todas los tenedores en el lavavajillas.

David y Joshua habían terminado su puré de manzana. ¡Era tan dulce y delicioso que casi lamieron sus cuencos! Saltaron y estaban a punto de salir corriendo a jugar un rato antes de acostarse.

—Chicos, asegúrense de limpiar sus lugares—Mamá les dijo antes de que pudieran irse de la cocina—Y alguien que barra el piso.

Christian corrió rápidamente para agarrar la escoba antes de que cualquiera de sus hermanos pudiera. Sus pies pequeños descalzos hicieron PAT, PAT, PAT en el piso de la cocina—¡Lo haré, mamá! —dijo. Mientras levantaba la escoba.

¡Mamá no podía creer lo duro que estaba trabajando Christian esta noche!—¡Bien, gracias, Christian!—Dijo—Eres muy útil.

Papá le dio un pequeño codazo a mamá y le susurró—Creo que ella está tratando de ayudar para obtener un bocadillo.

Mamá miró a papá y dijo—Christian sabe que no recibirá un regalo esta noche. Ayuda solo porque quiere ser útil. ¿Cierto, Christian?— Mamá puso las manos en sus caderas y miró a Christian.

—Ummm... Sí—dijo Christian en voz baja.

Mamá y papá se miraron y compartieron una sonrisa. ¡Sabían exactamente qué era lo que planeaba Christian!

Papá sacó la bolsa de la basura. Estaba a punto de llevársela afuera y a Christian se le ocurrió otra idea. ¡Quizás esta le conseguiría un poco de puré de manzana!

—¿Hay algo más para tirar a la basura antes de que la saque?—preguntó papá.

Christian corrió al armario de la cocina donde guardaban las bolsas de basura,—¡Oohh!—chilló—¡Pondré una bolsa nueva!

Papá le dio una cariñosa palmada a Christian en la cabeza—¡Gracias, Christian!—dijo papá—Estás haciendo más de lo esperado.

—Sí que lo estas haciendo, Christian—dijo mamá—¿Estás haciendo esto porque quieres ayudar o porque estás esperando un bocadillo?

Christian intentó esconder una pequeña sonrisa. Su mamá siempre supo lo que estaba pensando. ¡Fue muy inteligente!—Quiero un poco de puré de manzana, mamá—dijo.

Mamá y Christian se miraron y soltaron una risita.

Mamá se sentó en una de las sillas de la cocina y sostuvo las manitos de Christian. Ella corrió un rizo detrás de la oreja de Christian y dijo—Cariño, estás haciendo muchas cosas maravillosas y útiles esta noche. Estamos muy contentos y agradecidos de que estés ayudando. Pero quiero que recuerdes que lo que se requería de ti para obtener un bocadillo era que comas tu comida. Aunque todas estas otras tareas son buenas, eso no es lo que te hace ganarte los bocadillos. ¿Lo entiendes?

Christian miró sus pies,—Sí—ella respondió.

Mamá sonrió con una sonrisa muy amorosa,—Pero está bien, —dijo—tendremos otro bocadillo mañana disponible, y si comes tu comida, ¡eres más que bienvenida a tenerla!

Christian miró a su mamá y le dijo—Está bien, mamá. Mañana me comeré mi comida para tener un bocadillo ¡Esa es la regla! —Y lo decía en serio. Si ambos, Joshua y David, habían comido su brócoli ¡entonces no debía ser tan malo!

Mamá estaba muy orgullosa de Christian—¿Todavía me ayudarás a limpiar la cocina, aunque no puedas tener un bocadillo?—ella preguntó.

—¡Sí!—¡Christian respondió y le dio a mamá un grande y cálido abrazo!

Fin

"Instruye al niño en su camino, y aun cuando fuere viejo no se apartará de él."

Proverbios 22:6

Los Houston residen en Houston, Texas y se embarcaron en una misión para educar, inspirar y servir a su comunidad.

Por favor visite www.livinglifewiththehoustons.com para unirse a nuestra comunidad. Déjenos saber que su opinión, dudas y oportunidades de colaboración en contact@livinglifewiththehoustons.com

¡Únase a nuestro newsletter hoy para recibir una sorpresa gratis de David y Joshua!

Siga disfrutando de historias divertidas con otros libros de la colección "Las aventuras de David y Joshua" y "Las crónicas de Christian Grace".

Para pedidos al por mayor o firma de originales por favor visite nuestra web.

www.ingramcontent.com/pod-product-compliance
Lightning Source LLC
LaVergne TN
LVHW072326090426
835512LV00032B/45